杜老师的成本效益

詹文明 著

人民东方出版传媒
東方出版社

图书在版编目（CIP）数据

杜老师的成本效益/詹文明 著. —北京：东方出版社，2013.9

ISBN 978-7-5060-6865-9

Ⅰ.①杜… Ⅱ.①詹… Ⅲ.①成本-效益分析-通俗读物 Ⅳ.①F224.5-49

中国版本图书馆CIP数据核字（2013）第226845号

杜老师的成本效益（DULAOSHI DE CHENGBEN XIAOYI）

作　　者：詹文明
责任编辑：崔雁行　乔　俏
出　　版：东方出版社
发　　行：人民东方出版传媒有限公司
地　　址：北京市东城区朝阳门内大街166号
邮政编码：100706
印　　刷：北京京都六环印刷厂
版　　次：2014年1月第1版
印　　次：2014年1月第1次印刷
印　　数：1—5 000册
开　　本：787毫米×1194毫米　1/32
印　　张：7
字　　数：139千字
书　　号：ISBN 978-7-5060-6865-9
定　　价：36.00元
发行电话：（010）65210056　65210060　65210062　65210063

导读

自序

“企业若不考虑立即的未来，就没有更远的未来；但如果为了立即的未来而牺牲更远的未来，那么企业也将很快就没有未来。”

如果你是美国职篮或美国大联盟的球迷，你自会赏识球星高超的球技与神乎其神的团队表现，惊叹球队赢得总冠军后随之而来的球队市值攀升，球星广告代言的高额收入。可是你还会发现有近 1/3 的球队总教练会被炒鱿鱼走人，这到底是怎么一回事呢？其中最重要的理由之一便是不敷成本，甚至是球队亏损，以至于必须通过换人来解决。可见，仅求利润、追求短利的做法，只问“成本”，却根本不问“效益”何来，最终将导致陷入“经营怪圈”的窘境。

企业的经营不外乎顾客与商品、营收与成本、资源与知识、机会与成本、决策与分析、策略与结构，这些都是经营的核心概念。

有研究调查显示，大多数大企业生产线中的上千项商品，真正卖得好的只有约 20 项。然而这 20 项商品的营业收入却必须支付其他千项销路不良商品的成本费用，这是为什么？所谓的“成本效益”又是什么？这里总结九项要点以供参照：①企业内仅有成本中心，根本无利润中心，成效和资源都存在于企业的外部。②开发机会才能导致成效，解决问题则不然。③为了成效，资源必须放在机会的开发上，而非解决问题上。④经济绩效只能从领导获得，无法仅从能力获得。⑤任何领导地位都是无常，可能只是昙花一现。⑥既有的事物都会逐渐落伍。⑦既有事物可能配置不当。⑧获致实际经济成效的关键是：专注力。⑨企业要获致经济成效，就必须将人才专注于重大的机会上。

这也就是将资源转换成生产力，将问题转化为机会，将人才置于重大的机会上，将眼光由内转外、由成本转成效益。如此，才是经营的关键。

詹文明

2013 年于台北

唯有创新使企业在变化中立于不败之地

成本
成本
成本
"成本"不是独立存在的，是一直为了取得某种成果而发生的。为此，将成本控制视为企业的一个运动，是一种愚蠢的举动。
成本控制

唯有以同样的成本，为顾客提供更高的使用价值，

或是以较低的成本提供相同的使用价值，才是上策。

使机会极大化才是成本控制与低成本的本质，而成果管理并非仅仅是成本控制。所以我们要树立花钱即为了省钱的概念才是。

963 数字化科技集团
963 数字化科技集团，号称实力雄厚，产品行销全球。
杜老师：
开明而务实，保守又创新，世界级 CEO 咨询顾问，充满智慧的经营管理权威。
了了：
了尾的唯一下属，身高两米零八，人高马大，身怀绝技。获得美国西北大学消费者行为学博士学位。
了尾：
了然的下属，取得美国哈佛大学 MBA 学位。但与了然难以沟通，关系一直紧张。
了然：
“963 数字化科技集团”亚洲区总裁。素有“推销高手”的美誉，业务的实战经验十分丰富。但是与下属员工关系十分紧张。

老师早！
辛苦您了。
你在工作上又
有什么困扰？
唉……微利时代来临，
我们该怎么办呢？

暴利又是什么呢?
过去卖一套数码产品便赚一套的钱。
现在呢?
如今卖三套产品，才赚回一套来。

老师，今天请您
来我的办公室吧。
嗯！这样子也好！换
个地方换个感觉。
那么未来呢？
恐怕卖一套，
就要亏一套了。

这又传递了
什么讯息呢?
代表着这种产业
已进入了衰退期。
到底出了什
么问题呢?
产品生命周
期愈来愈短。

获利率愈来愈差。
这就是“微利时代”呀！
90
80
70
60
50
40
30
20
10
1
2
3
9
10
11
12
13

要在这种具有高复杂度与高变迁的
产业中立于不败之地，唯有创新。

数字化的产业看来只有“创新”一途。
透过产品与服务的创新及企业的再创业才是正途。

不同复杂度与变化率产业的特殊经营思路

针对高复杂度与低变迁的产业又该如何呢?
必须将组织切割成更小的单位来经营。
就像GE是全球最小的大公司一样吗?

它具有灵活度
和变通性。

对于低复杂度与高
变迁的产业如何面
对呢?

最好以“专案、项目与
矩阵式”的经营为之。
哦?

要怎么做呢?
以流程取代部门，
以项目代替单位。
我明白了!

而低复杂度、低变迁的产业
则以“效率取向”来经营。
例如服饰、美发、
餐饮业等。
当然也需善用科技、
网络予以升级才具
竞争力。

所以，不能仅以市场来看企业，而应以产业看企业。
说对了一半。
另一半是什么？
解决社会的需求才是赢家。

究竟市场、产业与社会有何区别？
市场
产业
社会
聆听客户的声音，便是市场导向。
那么产业呢？
研究产业的兴衰曲线，
人才的留与失，多与寡。

幸好数字化产业的
人才愈来愈多。
是的，这代表什么？
数字化产业并不是
夕阳产业呀！
完全正确！

难怪这数字电影、数字网络、数字手机、数字电子书……纷纷出笼！
还有数字电视、3D、4D及未来的5D、6D……诸多可能！
哇塞！老师您开阔了我的视野。
这都是你自己的领悟。

所以，这个产业简直就是明星产业啊！
应该是处于金牛产业期！

这就需要更大量的人才的投入、更大需求的专业的团队。
因此，这根本不是“微利时代”啊！
老师，高明。

你们怎么做成了微利呢?
惭愧极了。

究竟是发生
了什么呢？
是“成本控制”
出了问题。

你们控制成本了吗?
我们有一年一次的成本控制运动。
省钱无罪，缩减有理!
有效吗?
一开始似乎有点成效。

半年后呢?
成本水平又回归了原地。
看来无止境的运动前赴后继。
老师，您太了解我们了。

不，不是，而是你们缺乏对成本控制的基本认识。
哦，我不理解呀！
不是成本控制没有长效性，而是……
而是……什么呢？

将资源集中于能产生最佳成果的领域

在展开成本控制活动时，应将资源集中于能产生最佳成果的领域。
酷毙了，简直大开眼界。

能带来最多经济成果的成本控制领域。
经典极了，原来如此。

因为“成本”并不是独立存在的。
哦，我明白了。“成本与成果乃是一体之两面”。
帅呆了。

成本是为了取得某种成果而产生的。
犹如企业不愿承担成本就希望取得经济成果一样。
这是不可能发生的事啊。
因为机会总是伴随着风险而来。

所以，如果企业自始至终都不能产生成果呢？
那么它从一开始便是不合理的浪费了。
可是我们又怎么能及时辨别呢？

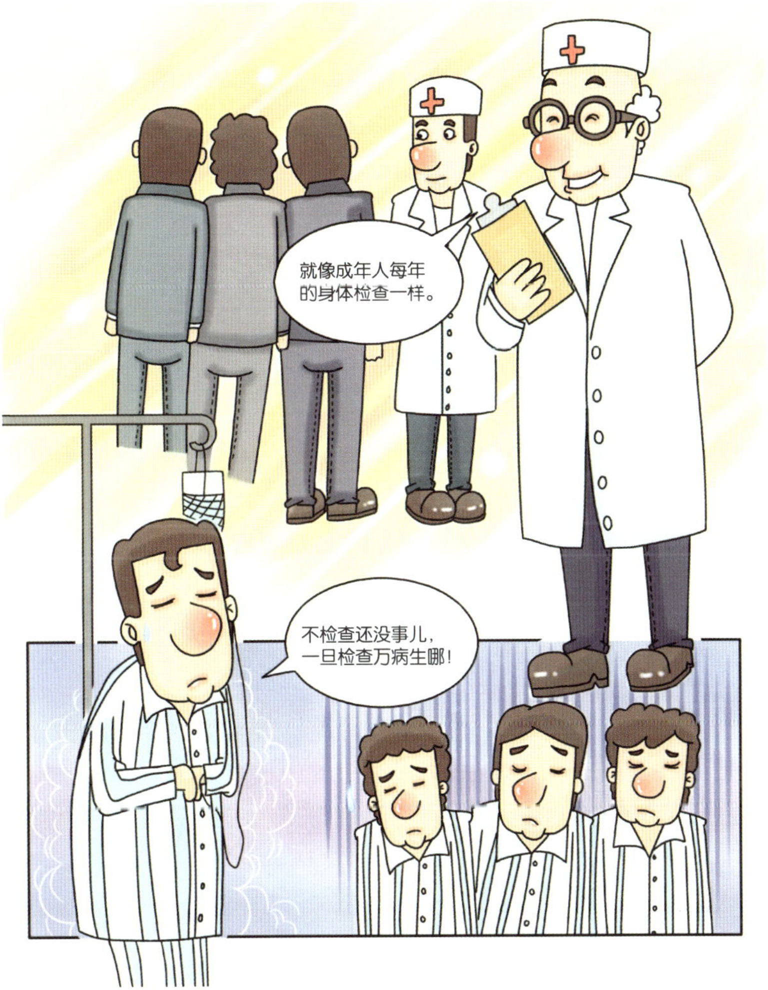
就像成年人每年的身体检查一样。
不检查还没事儿，一旦检查万病生哪！

总比得到“验尸报告”要好得多呀！
对呀，谁要那“验尸报告”呢！

成果管理是机会、资源与系统的极大化

就像一项不能带来经济成果的开支，不论它多么有效率，多么廉价……
也是浪费。
为此，重要的不是绝对的成本水平。
而是成本与成果的相对比例关系。
孺子可教也。

所以，成本是手段，其成果才是目的。
极有概念。
因此，成本控制不如说是成果控制吗？
错！应该是“成果管理”。

为什么是管理，
而不是控制呢？
使机会极大化，资源
极大化及系统极大化。
机会、资源与系统
极大化才是上策。

唯有如此才能获得成本控制和低成本的目标。
成本不会单独存在，成本是因成效而存在。
成本
成本
资源只有集中于成效之上，才是最佳、最有效的成本控制。

为此，成本控制也不会单独而存在。
你说的是。
然而成本控制的时机又是什么？
就像系统化地将资源和努力分配到机会和成效上……

之后呢?
这才是成本分析和控制的最佳时机。
哦，我懂了，这样成本控制才有价值。

要有效地控制成本，就必须对企业进行全面检视。

难怪我们过去的成本控制是无效的，能怪谁？
这是一场成本高低和成效与努力之间比例的价值游戏。

说了半天，我对“成本”还是模糊。
成本是一个社会现象，一个惯性的行为。
天啊，真是洞见！

只是我们要从经济成效的角度去认真对待它。
酷毙了，跨领域的一种思维呀。
就像经理人必须将人力资源专注于重大的机会上一样。
所以，经理人就要使这种社会现象成为心智上的习惯吗？
孺子可教也。

提高企业效益的成本控制观

那么“成本”究竟是什么呢？
是顾客付钱取得产品或服务，且从中所得的全部效用。
哇塞！怎么会有这么酷的定义呢！

顾客根本就不关注从原料到产品的经济链……
是啊。

他们只问要花多少钱才能得到这项产品。
这是天经地义的事。

顾客是坐在驾驶座上掌握方向的人。
顾客购买的是“效用”，而并非仅仅是成本。
你说的是。

所以，顾客要的是满足，而非产品。
正如乘坐飞机时你买的不是“机位”而是“目的地”。
这种以成果为导向的成本控制观，我十分认同。
企业再也不能将成本管理等同于降低成本。

随手关灯、节约用水又怎么说呢?
唯有在成本效益观作为支配思想的前提下。
节约、节省才是有意义的行为。
亦即要从策略成本管理的宏观出发。

而不是微观的
节约成本观吗？

不是它不重要，而是
有更重要的事要去做。

例如，某项成本降低，
未必就意味着利润会
提高。
可是增加某项开支，
反而可以提高总体
的经济效益。

比如为减少废品数量所产生的检验费，但产品若卖不掉呢？

价值若不能体现，效益岂能提高呢？

若透过市场分析，有目的地增加一定的成本投入呢？

如果收入增加的幅度大于成本增加的幅度，自然利润就增加了。

即使以机会与成果为导向的公司，也需要成本分析和控制。
这就是所谓的“成本绩效”管理。
成本绩效管理

成本绩效管理的五大秘诀

有何秘诀呢?
至少有五大秘诀。
第一个秘诀是什么呢?
就是这个!
集中原则

怎么个集中法呢?
将重心摆在收效最高、最大的成本控制领域里。

能否举一例？
将一个知识员工放在一个对的职务上，让他做出对的事来。
很酷的例子。

又如使一个五万美元与一个五百万美元成本的不同专案各削减10%，所要花费的努力究竟差多少呢？
应该相差无几才是。

换言之，80% 的成本是由 20% 的活动所造成的。
80% 成本
20% 活动

亦即 80% 的成果，往往也是 20% 的资源与努力所创造的。
80% 成果
20% 资源
二八定律的确有效。

第二秘诀是什么呢?
因势利导。
听起来似乎是见招拆招吗?
针对不同的成本作出不一样的处理方式。

例如不同的部门、单位的成本结构根本就不一样。
人才流
物流
资金流
……
……
譬如人才流、资金流、资讯流、物流、现金流等。
的确！沃尔玛超市强劲的采购能力就是明证。

真正删减成本的最有效方式，便是将整项活动一并删掉。
太棒的点子，我们集团的活动多到数也数不完。
过多的活动，则必然效益不彰。

老师真是
料事如神。
这是普通常识。
这对我可是
很好的提醒。

身为一个经理人
该做什么呢?
众多活动因我而起，也该因我而止。
自问自答
自疑自判
全面检视
反复检视

承担责任
做出贡献
我会的，请放心！
我坚信你会做到的。
人因被信任而坦诚
却因被怀疑而狡诈

不因外界的怀疑而狡诈，
这是对自信的一种伤害。
老师，我会
牢牢记住的。

玉在山而草木润，
渊生珠而崖不枯。

自立立人之境界。
很好的体悟。

第三秘诀
是啥呢？
删除活动
如前所述，
整项活动要
一并删掉吗？
你说的是。

试图少花点钱去做本
来就不该做的事呢?

这本身就
毫无意义。

但是公司高管时常说：“没
有任何单位会被裁撤”。

结果什么也
没发生吧！
可是等于宣告该项
活动的失败呀。
“无效的活动与工作”
才是高成本、高浪费。

第四呢?

纵观全局
既要理解成本,更要检视成果区域吗?
完全正确!

若不纵观全局，会有何后果呢？
就会发生将成本转移到别处去，或是……
或是什么？
将今日的成本递延到明日，甚至以后。

可是还是会有例外吧。
有的……
削减成本获得全面性的伟大胜利，但……

之后呢？
总成一如以往居高不下。
白费一番力气，
这是更大的挫败。
所以，要能纵观
全局、掌握成效。

第五条秘诀呢？
详尽分析！
如何做才适当呢？
有效的成本控制务必建立在详尽的成本分析的基础上。

企业的全面成本观

有何重点呢?
首先得确定什么是“成本中心”。
成本中心
不理解。

即找出重大的
成本所在之处。
简言之，就是能真
正产生效果的地方。
你这么说也行。

具体应该怎么说呢？
即成本中心的“成本点”是什么。
“成本点”好记又好用。

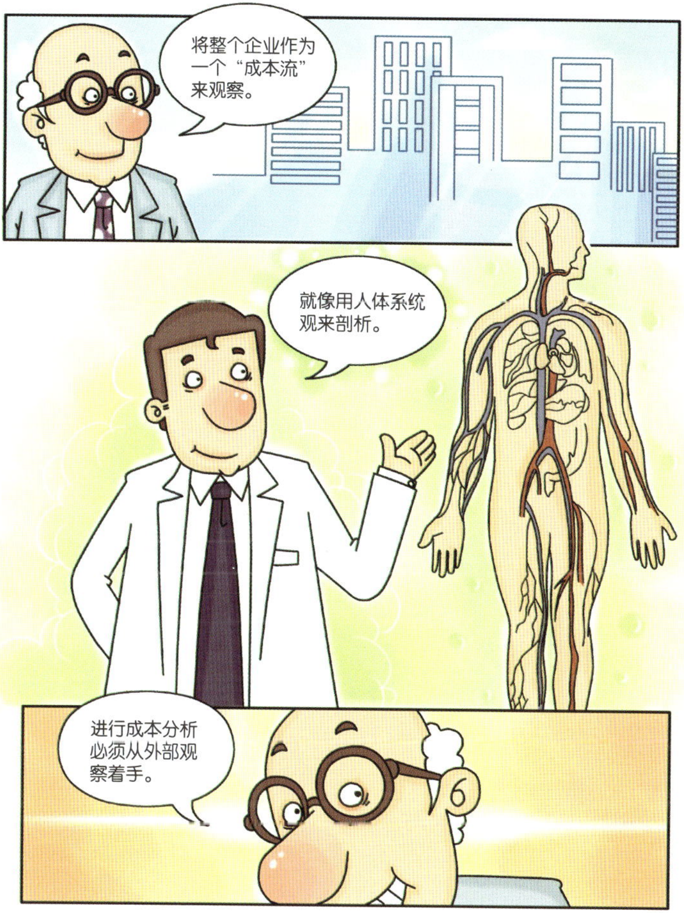
将整个企业作为一个“成本流”来观察。
就像用人体系统观来剖析。
进行成本分析必须从外部观察着手。

观察什么东西呢？
以所做的客户与市场分析的结果为基础。
帅极了，只有市场定位对了才有可能的一切。

要时常自问：『谁不是我的顾客呢？』
再自问："谁是顾客，谁才是我们真正的顾客。"
否则无法保证成本分析的真正意义与可靠性。

这样的观点教
人眼界大开！

我称之为“全面成本观”！

即是“全面成本
控制观”吗？
你说的是。

若站在顾客的立场来说呢？
没有人单纯买一件东西，他买的是“满足”。

如何在产品与顾客之间取得平衡呢?
你是说产品价格与顾客购买意愿之间的平衡吗?
不愧是老师，就是这个意思。

企业应树立成本的系统管理观念。
将企业的成本管理工作作为一项系统的工程吗?
你说的是。

亦即要能关注整个企业的内部价值链。
而不仅仅是宏观地看待整个产品的价值链。
除此之外呢?
还要向前和向后延伸以利于系统的成效管理。

如何向前?
产品的市场需求分析，相关技术的发展趋势分析……
以及产品的工艺设计与功能的取舍。
哦！

那么又如何向后？
顾客的使用、维修及处理、回收计划……
这不正是一套“动态系统的思维方式”吗？
呵呵，没错！

因为企业既要成效管理，
又要成本控制。

这真是“成效成本两相宜，
生存发展没问题”哦。
成效成本两相宜
生存发展没问
呵呵呵！
说的好！

横批又是什么呢?
嘿嘿!

财源滚滚来
成致成本两相宜
生存发展没问题

看来要家家必备，
户户必贴呦。
家家必备
户户必贴
我负责收钱喽！
上缴国库！
老师高明，
通吃了。

有效的成本绩效有赖于系统思考。

集中原则，因势利导。

详尽分析
删除活动
综观全局

老师，您解放了我的思想，开阔了我宏观的视野。
我也获益不少。呵呵……
咚咚咚……
老师好！

看来了尾又长进不少哦！
我也得迎头赶上呀！
哈哈！想赶上我可没那么容易哦！
呵呵，不开玩笑了，老师我们去用餐吧！

你该如何取得平衡

我最近一直在坚持跑步锻炼。
哦，我最近在学习气功锻炼呢。
那究竟运动与气功哪项有益健康呢？
当然两项都好啊！
除了吃饭、睡觉与短暂的休息之外……
还有大量的工作呀！

运动较适合年轻
人，气功似乎是
老年人的专利。

那么，你们知道为什
么运动员的寿命较常
人短吗？

印象中好像
是这样呢！
是不是因为过
度运动所造成
的伤害呢？
可是运动总比
不运动要好啊。

免疫学家封莉莉受邀在哈佛大学演讲时指出……
她发现了什么呢?

人体细胞在人一生中的分裂次数是有限的。

这……她不讲，
我也清楚。
是呀，细胞分裂不
可能是无限的。

呵呵……
听老师说，
别插嘴！

细胞的生命也是短暂的。
然后呢?
运动员为维持高度的竞技水平,
不得不持续性的锻炼。

因而使他身体的
细胞存活时间变
得更短。
当然也会很快地被
新的细胞所替换啊。
新细胞生命力强、能量
高，此时运动员会暂时
感到很兴奋、强壮。
所以，运动员让人
看起来超健康的。
但这种过度的消耗
是需要付出代价的。

对身体是
有害的吗？
是的，他们的免疫能力，
因新陈代谢过高而降低。
什么？有损免疫力！
生命也因此而缩短。

那以后谁还要成为运动员呢？
难怪运动球星动辄就上千万美元的酬劳。
32
31
美丽的生命往往是短暂的。
哦，这正是运动员在最佳状态下猝死的背后原因了。

运动员不见得比常人健康。
可是适度的运动还是必要的。
你说的是。
“平衡”代表了一切。

封教授又说：“过度强化训
练还会加速一个人的衰老”。

为何适度运动
有益健康呢?

因为它使体内补充氧气而令人感到轻松、有活力。
可维持一段时间不会感到疲劳吗?
是的!没错!

但停止运动后会有什么后果呢?
细胞周期又会恢复原状。
所以，必须要持续运动。

否则会感到
更加疲劳。
ZZZ
我是那种三天捕鱼，两天晒网的人，难怪会疲劳啊。

气功又如何呢？
它力求缓慢、圆融，甚至保持静止不动。
因而心跳减至最低，血液循环也减缓。
你说的是。

哦，我懂了。人体在此刻细胞分裂次数减少。
细胞的寿命自然延长了。
可达一般人细胞寿命数倍之长。
所以，练气功的人寿命就延长了。

研究显示气功修炼可
使人体免疫力增强。
何以证明呢?
封教授发现：取样
者体内蛋白质降解
较一般人低。

降解系统在体内的功用是什么呢？
它有消灭病菌的功能。
为此，也能有助于癌症的预防吗？
因癌症患者体内蛋白质降解系统代谢特别高。

“高”代表着什么？
人体需要不断地制造、修补快速死亡的细胞。
结果使病人身体更衰弱。
最终恶性循环。

气功才是救命丹吗?
封教授指出:“练功者体内抗艾滋病毒的 R309 会增加十倍。”
真是惊人呀!
抗微生物的一种基因也比常人增加八九倍。

还有什么
益处呢?
抗衰老的激
素也提升了。
练气功还能
回春哦!
你说的是。

气功和运动相比，简直天差地别啊。
好比慢活快死一般。
这不是恰当的比喻！
100t
我错了。
要谨言慎行！

过度运动有如成本控制
对人体而言，练气功是成果管理。
我们忘记了吃东西，大家太投入了……竟忘了美食菜肴。

老师，谢谢您提供
这珍贵的咨询。
“能知要能行”。
从我做起吧！
“气功”要大大
地推广。
但适当运动还
是别忘了。

享受运动
热爱气功

真是精彩极了！
是呀！
老师下午见！

企业的成本中心是什么

p.m. 2:10　了然和了了准时来到了办公室……

亦即效益再大其成本变化也不是那么明显吗？
成本
所以，企业只有两个中心。
利润与成本中心！
错！

只有“努力与成本中心”！
努力
成本
为何没有“利润中心”呢？
唯一的利润中心便是能兑现的顾客支票。

企业的成本中心是什么？
企业的成本中心是什么？
企业的成本中心
所有知识型企业应注意的四个成本中心！

第一个呢?
人力资源是主要的成本中心。
用对人比做
对事重要。

“用人”是极为昂贵的决策，其影响何其重大。

尤其是高管更甚。

首先，用错人所付出的代价，不只是数字而已。
有时不是短期内可以弥补的。
所以，其成本甚至是无法估算的。
这从历史上就能得到印证。
秦

其次，人事费用
节节上升、居高
不下。

若不能反映到他
们的生产力上，
那就更惨了。

用人宜考量其贡献度！

这是我身为总裁最重要的检验方法。
首先检验的是“自己”。
要问自己：“我是不是对的人呢？”
孺子可教也。

第二成本中心呢？
资金一直是主要的成本中心。
常言道："有钱好办事"。
问题是办事不牢，有钱何用呢？！

因此加快资金周转变得十分重要了。

“现金流量”是企业的命脉。

可是为什么极少人会去注意财务结构呢?
直到财务吃紧或亮起红灯时才来抢救。
往往为时已晚矣。

为此，平常就要研究：什么样的财务结构为最佳？
亦即最有效地善用最昂贵的资金。
我们已研究出三种不同状况下的财务结构了。
即“最佳、普通与最糟”三种吗？

好神喔！
你在恭维我，这是普通常识呀！
债
负债经营是企业的共同命运吗？
不完全是。

我们遇上了金融
大海啸差点就周
转不灵。

如何度过
的呢?
最终靠增资
低空掠过,
好险啊。

针对财务宜采取严谨而保守的作风。
预先选择合适的筹资管道以利于资金筹措。
只要稍加努力，“资金”是最有可能取得有意义的成果。
我明白了，我会定期做审核的。

第三呢?
行销也是一个重要的成本中心……
行销
行销成本为何是最容易被忽视的一项成本领域呢?
行销
因为行销成本是分散在整个价值链上的，不易被察觉。

产品入库
产品搬运
产品交货
像产品入库、搬运及交货之间的成本归谁呢?
绝大部分列为制造费用成本。
但居然无人、无单位出面负责哪!

出于生产过程之外的库存，都以“流动资金”视之。
所以，这些成本被归为是一种“资金成本”吗？
你要这么说也行。

行销成本
实际行销成本相较于制造成本呢?
制造成本
它较容易透过成本削减和成本控制的努力见到成果。
行销较易取得成功吗?

不完全对。
为什么?
还有众多的条件组合与因素在内，并不是单一的结果。

第四个呢?
研究与开发更是主要的成本中心。
产品的寿命周期愈来愈短。
市场需求愈来愈快速成熟化。
为此，产品来不及成熟就退出市场了。

产品与技术的研
发依赖度就愈高。
研发团队的预算与
人数便不断地扩大。
尤其是处于高复杂、
变化大的高科技产
业更甚。

我们该怎么做呢？
创新
创业
转型
创新、创业与转型才能符合顾客的期望。
从研发到试产、试品、产品上市的周期也算研发成本吗？
没错！

所以其成功率实在是少之又少。
产品研发费用支出是企业的一种风险投入。
可是现行财务作业却将它们列入“管理费用”科目？
正确无误！

如何把四个成本中心转为“成本绩效”中心呢?
务必以全面成本观、系统的成本管理为之。
成本中心的目的在于辨认成本的来源吗?

其目的在于追求“效益极大化”！

使原本的成本中心
转变成效益中心。
孺子可教也。

以“成本点体系观”，为业绩做贡献

“成本点”即是成本中心内大部分成本项目中少数几项活动的统称。

成本点

比如说？
如销售成本，可分为营销员成本与促销成本两项成本点。
营销员成本
促销成本
像资金成本中心呢?
应收款项资金成本
库存资金成本
……
它包括库存资金成本，应收款项资金成本与利息等成本点。
这样的划分更有针对性，重点更突出。

所谓“成本点”即代表企业所发生的成本总额中的权重项。
如此才能做到全面地对企业成本进行分析。
通过分析结果所采取的措施，才可能有较佳的成绩。

怎么做才
有效呢?
每个成本点务必有负责的部门
或个人，且结合绩效评鉴。
哇塞!
真是绝妙!
如此，才不会在
业绩倍增时，成
本也超出想象。

这种分析与考核的做法十分有效。
能否举例？
最终会发现 20% 的产品，能够贡献 80% 的业绩。

也会发现 80% 的产品
仅占 20% 的业绩。
所以，扩大 20% 的
产品威力，便会成
为效益点了！
很有概念。

对于那些 80% 的产品予以淘汰换新或更改包装、销售渠道。
不要将每个成本点，当作一个单独的问题来处理。
那要怎么做才对呢?
必须将所有的成本点当成一个完整的体系。
成本
成本
成本
成本
成本
成本
成本
成本
成本
成本
成本

需要控制的企业四类成本点

这就是“全面成本观”！
要学以致用。
我们怎么来看企业的成本点呢？
企业主要的成本点可分为四大类。

第一类是什么？
制造成本
包括有形的产品与无形的服务吗？
你说的是。

如何定义生产成本呢？
为客户提供想要且愿意付钱的价值所作努力的成本。
包括哪些成本呢？
包括制造成本、行销成本、资金成本等。
制造成本
行销成本
资金成本

第二类呢?
支援成本
如何分辨呢?
它本身并不提供价值，但其过程是不可或缺的。

例如说呢？
运输便是一种典型的支援成本。
还有其他吗？
订单处理成本、成本核对成本、总务人事成本、会计工作成本等。
订单处理成本
成本核对成本
总务人事成本
会计工作成本

第三类又是
什么呢?
防范成本
怎么界定呢?
其目的并非在于做成
某事，而是防止错误
发生的活动成本。
应急储备
应急储备

每家企业都需要有早期的预警系统。
例如产品的销售未达成既定的目标时。
公司的技术不再具有竞争优势时。
防患于未然，并承担风险！

第四类成本点呢？
浪费成本
何谓：“浪费”？
乃指不可能产生成果努力的所有成本。

包括做错事，成为
错的人吗？
企业最大的浪费成本便是闲置。
例如：呆人、
呆事、呆料、
呆机……

飞机不在空中，只剩下一堆成本。
船只在港口，不在海上便是吃老本。
飞机与船只都有其必要的成本，只是不断在扩大机会罢了。

亦即资源生产力的最佳化。
如何将四类成本点转换成成果点呢?
生产成本需以人、时间和资金三项关键的资源所取得的成果来衡量。

怎么衡量呢？
工资单上每元的产出和利润，即是人员生产力的成本量度。
时间的值如何衡量？
每人每小时的产出和利润，便是时间生产力的成本量度。

资金也是这样吗？
所花的总资金中，每一元的产出和利润，就是资本的生产力。
看来并不是成本控制呀！
嗯……

集中资源于“机会”，是控制
生产成本唯一有效的方法。

支援成本又是什么呢?
嗯……这是个问题。
支援成本在总成本中的比例会越来越大!
那要怎么办呢?
自问:“若省去支援成本的话,会承受多大的损失呢?”

若少于最低的支援成本呢?
真小气!
那就省下支援成本,但事实证明,支援成本是非常必要的。
怎么办!
怎么办!

对于防范成本点呢？
自问："我们的损失会比防范成本更高吗？"
如果答案是肯定的。
那么最好不要去防范。
否则吃力不讨好。

对于存货与质量
的控制都是这样
处理的。
对付闲置成本呢?
看得见的反而伤害不大,
看不见的则具杀伤力。

1287 760724
4365
闲置的成本就往往为数字所掩盖。
881001
且不像是一直开着的电灯与水龙头一样易于发现。
你们说的是。

因为在港口停靠期间，其仅仅被考虑为“管理费用”。
却竟忽略了“闲置成本”的恐怖。
这点我为何没想到呢？！

它们所涉及的仍然是“工作”，
而不是闲置时的数字。
安全

究竟要如何发觉这些隐而不见的闲置成本呢?

以会计资料作为基础进行分析。

如何判断?
凡是“分摊的制造成本”或它们的等价成本达到……
30%
制造总成本 30% 以上时，就可以质疑隐藏有高浪费成本。

控制成本管理的衡量工具

我要学学会计报表和财务数字所隐含的哲理。
GE 前总裁杰克 · 韦尔奇也是这样做的。
万一不是这些原因呢？（看不见的部分）
那就需要重新设计整个企业，在政策性方面作根本上的改变。

可是市场地位的丧失或创新的失败，一定要等到损害形成才知道啊。
为此，我们需要一种新的称之为“经营审计”的衡量工具。
经营审计
好像是经济学家所研发出来的一种衡量工具。
作为预测经济可能发展方向以及持续多久的工具。

这个有效吗?
所谓的“导向指示器”与“滞后指示器”等工具。
导向指示器
滞后指示器
有用吗?
是呀!
至少可试试看嘛。

善用“反馈分析法”是否可行呢?
反馈分析法
酷毙了，我怎么给忘了。
预期 1 ~ 6月
预期 7 ~ 12月
预期 13 ~ 18月
实际
将未来十八个月预期的成果，分三期与实际结果进行对照。

的确是可行的做法。
效果虽好却不持久。
持久性削减成本最有效的方法应从根本做起。

减肥要是能持久有效，减肥药就不会漫天飞扬。

但事前防止成本肥胖比削减成本来得更容易。

降低成本的唯一途径即是重新调整工作。
不是大幅裁员吗？
裁员后所剩的员工因承受的工作负担而发出的抱怨将伤及绩效。

降低成本的两个经典提问

所以要重新调整工作，但怎么个调法？
经理人要问两个问题。

第一个问题？
关于某项工作是否还应该继续存在呢？
好棒的问法！

我们集团至少有 5% 的工作是不该存在的。
譬如说……
像我这个“市场调研专员”就可以裁撤。
多余

为什么呢?
因为外界的专业公司可以提供更新更快的资讯。
酷毙了，老师说到我心坎里了。

可是我们不能失去你这个人才啊！
这是两码事。
我可以做行销专员，从最基层做起呀！

英雄不怕出身低，只怕不是好英雄。
说得好，说得妙。
我会综观全局、一一检视、从自己做起，效法了了。
孺子可教也。

第二个问题?
工作中
公 司
工作中
工作中
存在的工作是如何与
企业的目标相连的呢?

若不能相连呢？
便要重新审核其存在的价值，否则便删除。

每项工作应该为企业目标
做出什么样的贡献呢？
好问题，好问法。
没有贡献的工作
是人还是工作本
身的问题呢？
重点在工作而
非人的因素。

工作要如何设计才
符合经济原则呢?
“工作”必须追随策略，
必须能创造顾客才是。

经理人要如何获得持久性的成本削减呢?
必须进行适当的成本预防。
多久做一次较佳呢?
每三年自我审视每一个“工作”。

让每一个工作
与顾客联结，
与贡献有关。

争取五百万较之五万
美元的订单，无须多
付出 100 倍的时间。

而设计滞销或畅销的产品，其所需的成本也是一样的。

对于大额或小额订单对会计作业并没有什么区别。

聚焦机会才是成本控制的本质

使机会极大化才是成本控制与低成本的本质。

成果管理，非仅成本控制才是真相。

为此，我们要树立“花钱就是为了省钱”的概念。

我对企业的成本与效益之间的微妙关系有了充分的认识。
我对自我的“工作”存在价值有了新的评估标准。
原来“微利时代”是不存在的，关键是“创新”。
创
新

“创新”才是成本与效益的导师。

《杜老师的成本效益》是企业生存的必要修炼，更是事业发展的先决条件。不是要聚焦于成本，而是要专注于效益。唯有效益扩大，成本才能自然下降；唯有着眼于机会的开发，问题才能逐步消失。不是一味地降低成本，伤及成果，而是要进行持久性的成本削减，务必重新认真评估“工作”的存在价值，这才是经营之道的根本。

老师，我们会透过实践、成效、成果来回报您！再见！